INHALT

Ich stelle mich vor	4
Unsere Gruppe	5
Unser Schulhaus	6
Unsere Lehrer	7
Adressen und Fotos	8
Meine besten Freunde	12
Schule mal so...	14
Meine Ferienseiten	16
Weihnachtszeit	20
Meine Familie	22
Bei mir zu Hause	23
Sportfest	24
Schulfest	25
Erinnerung an die 2. Klasse	26
Das sind wir in Klasse 2	27
Erinnerung an die 3. Klasse	28
Das sind wir in Klasse 3	29
Erinnerung an die 4. Klasse	30
Das sind wir in Klasse 4	31
Meine Weltkarte	32
Die Umweltseite	33
Witze und Rätsel	34
Karneval	36
Meine Hobbies	38
Projekttage	40
Traumberuf	41
Meine Lieblingsseiten	42
Unterschriftenseiten	44
Mein Stundenplan	45

© Gestaltung und Layout: B. Raabe und Verlag Duschl
Die Grafiken im Buch wurden mit Clip-Arts
der Corel-Corporation erstellt.
ISBN 3-933047-82-X

Ich freu mich schon!

Soo viel drin!

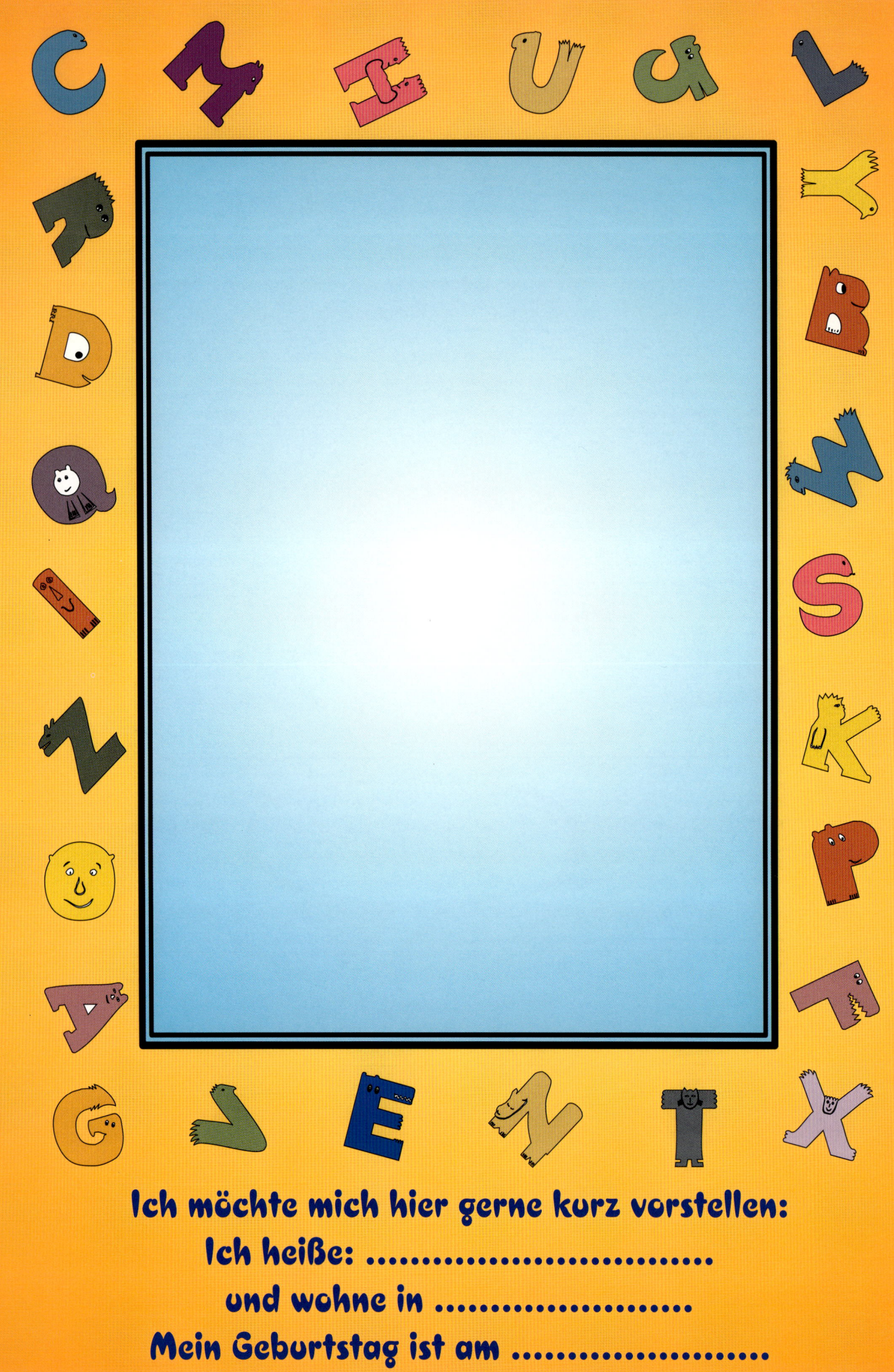

Ich möchte mich hier gerne kurz vorstellen:
Ich heiße: ....
und wohne in ....
Mein Geburtstag ist am ....

ERSTE KLASSE

**Ihr seht die erste Klasse hier,
viel Spaß am Lernen haben wir.**

DAS SCHULHAUS

Unser Schulgebäude

UNSERE LEHRER

Unser Lehrerkollegium

Schulleitung

Stellv. Schulleitung

Klassenleitung

Sekretariat

Cooler Unterricht!

Unsere Lehrer sind spitze!

ADRESSEN...

Name, Adresse, Telefon, Handy, e-mail, Unterschrift,...

VON FREUNDEN...

...UND BEKANNTEN

SCHULE MAL SO...

Wir haben Spaß bei(m) ....

UND MAL SO...

Unser erster Ausflug

MEINE FERIENSEITEN

Ferien folgen auf das lange Schuljahr,
Ich werde Spaß haben, ist doch klar!
Ich werde viele schöne Sachen machen,
und auf jeden Fall habe ich immer was zu lachen!

Das habe ich in den Ferien gemacht:

Wenn es draußen kälter wird,
ist es bald soweit,
schnell werden die Felder weiß,
weil es dicke Flocken schneit.

Jedes Kind weiß jetzt genau,
auch jeder Mann und jede Frau:
nun ist das Christkind nicht mehr weit
und es beginnt die stille Zeit.

MEINE FAMILIE

"Komm pünktlich!"

"Pass gut auf!"

Zu meiner Familie gehören:
_____
_____
_____
_____
_____

BEI MIR ZU HAUSE

SPORTFEST

SCHULFEST

ZUR ERINNERUNG AN DIE 2. KLASSE

2. KLASSE

Das erste Jahr ging schnell vorbei,
nun bin ich schon in Klasse zwei.
In unserer Klasse ist es schön,
weil wir uns alle gut verstehn.

ZUR ERINNERUNG AN DIE 3. KLASSE

3. KLASSE

Das sind wir im dritten Schuljahr,
ihr erkennt mich doch, na klar!
Freunde, Lehrer, Unterricht und dies und das,
Das Leben an der Schule macht mir Spaß.

ZUR ERINNERUNG AN DIE 4. KLASSE

Wir gehen in die Vier!

4. KLASSE

Nach den Klassen 1, 2, 3,
sind wir alle wieder dabei,
wer da geht in Klasse vier,
das könnt ihr erkennen hier.

DIE UMWELTSEITE

So kann ich mich für den Umweltschutz einsetzen:

....

....

....

....

RÄTSEL UND WITZE

Frau Huber kauft einen Maulkorb für ihren Hund. Der Verkäufer im Laden fragt sie höflich: "Gnädige Frau, soll ich Ihnen den Maulkorb zusenden oder wollen Sie ihn selber tragen?"

Hihihi!

"Vater hat mir verhauen", schluchzt der kleine Basti. "Mich", verbessert die Mutter. "Was, dir auch?"

Hahaha!

Abzählvers:
Asterix und Obelix,
tun die ganze Woche nix,
essen Wildschwein und viel Kuchen,
wer das auch will,
der muss suchen!

Ene, mene, muh!

Der kleine Heinz geht mit seiner Mutter in den Zoo. Gerade sieht er den Pfau, der ein Radschlägt. Der Junge ruft aufgeregt: "Mami, schau nur, wie schön die Henne blüht!"

Herr Meier liest ein Schild im U-Bahnhof: "Auf der Rolltreppe Hunde tragen!" Verzweifelt stöhnt er: "Ach du meine Güte, wo bekomme ich jetzt einen Hund her?"

Hohoho!

Wahr oder falsch?
In Japan sammeln Kinder gerne lebende Käfer. Da hatte eine Firma die Idee, die Tierchen wie Kaugummis in Automaten zu verkaufen. Man sammelt die Käfer in der Natur und steckt sie in Schachteln, die dann in die Automaten kommen. Tierquälerei!

Der Pfarrer seufzt bei der Taufe: "Wollen Sie Ihren Sohn wirklich Axel nennen, Frau Schweiß?"

"Wenn dein Vater wüsste, wie dumm du dich in der Mathestunde anstellst, würde er bestimmt graue Haare bekommen!" sagt der Lehrer ärgerlich zu Marlene. - "Da würde sich mein Vater aber freuen," klärt Marlene den Lehrer auf, "er hat nämlich eine Glatze!"

Mein Lieblingswitz:

....
....
....
....
....
....
....
....

Kuck mal, ein Prinz!

KARNEVAL

alaaf!

Humba, Humba, Täterääh!

Helau!

MEINE HOBBIES

Am liebsten mach' ich diese Sachen,
ich hab' dran Spaß und ständig was zu lachen.
Sport, Bücher oder Spiele,
Hobbies habe ich ganz viele.
Ob mit Freunden oder allein,
langweilig wird's damit nie sein.

PROJEKT-TAGE
an unserer Schule

MEIN TRAUMBERUF

Später will ich einmal ein/e

....

werden.

MEINE LIEBLINGSSEITEN

Hier zeige ich meine Favoriten aus allen Interessengebieten.

Mein Lieblings-

Unterrichtsfach:..................................

Lehrer:..................................

Buch:..................................

Lied:..................................

Essen:..................................

Film:..................................

DAS ALLES HABE ICH AM LIEBSTEN:

NAME	ADRESSE	TELEFON	SONSTIGES